Animales de la granja

Cerdos en la granja

por Bizzy Harris

Bullfrog en español

Ideas para padres y maestros

Bullfrog Books permite a los niños practicar la lectura de textos informativos desde el nivel principiante. Las repeticiones, palabras conocidas y descripciones en las imágenes ayudan a los lectores principiantes.

Antes de leer

- Hablen acerca de las fotografías. ¿Qué representan para ellos?
- Consulten juntos el glosario de las fotografías. Lean las palabras y hablen de ellas.

Durante la lectura

- Hojeen el libro y observen las fotografías. Deje que el niño haga preguntas. Muestre las descripciones en las imágenes.
- Léale el libro al niño o deje que él o ella lo lea independientemente.

Después de leer

- Anime al niño para que piense más. Pregúntele: ¿Qué sabías sobre los cerdos antes de leer este libro? ¿Qué más te gustaría aprender sobre ellos?

Bullfrog Books are published by Jump!
5357 Penn Avenue South
Minneapolis, MN 55419
www.jumplibrary.com

Library of Congress Cataloging-in-Publication Data

Names: Harris, Bizzy, author.
Title: Cerdos en la granja / por Bizzy Harris.
Other titles: Pigs on the farm. Spanish
Description: Minneapolis: Jump!, Inc., 2021.
Series: Animales de la granja | Includes index.
Audience: Ages 5–8 | Audience: Grades K–1
Identifiers: LCCN 2020040556 (print)
LCCN 2020040557 (ebook)
ISBN 9781645278801 (hardcover)
ISBN 9781645278818 (ebook)
Subjects: LCSH: Swine—Juvenile literature.
Livestock—Juvenile literature.
Classification: LCC SF395.5 .H3718 2021 (print)
LCC SF395.5 (ebook) | DDC 636.4—dc23

Editor: Eliza Leahy
Designer: Molly Ballanger
Translator: Annette Granat

Photo Credits: Eric Isselee/Shutterstock, cover, 3; andresr/iStock, 1; Cascade Creatives/Shutterstock, 4, 23bl; Fosterss/Dreamstime, 5; Ryhor Bruyeu/Dreamstime, 6–7; acceptphoto/Shutterstock, 8–9, 14–15, 23br; Makic Slobodan/Shutterstock, 10–11; Iakov Filimonov/Dreamstime, 12 (left); Tsekhmister/Shutterstock, 12 (right); Acreagemedia/Dreamstime, 13; Zorandim/Dreamstime, 16–17; simonkr/iStock, 18, 23tl; Anmbph/Dreamstime, 19, 23tr; ClarkandCompany/iStock, 20–21; photomaster/Shutterstock, 22; yevgeniy11/Shutterstock, 24.

Printed in the United States of America at Corporate Graphics in North Mankato, Minnesota.

Tabla de contenido

Lodo y bazofia

¡Bienvenidos al chiquero!

Es un día caliente.

Los cerdos se revuelcan en el lodo.

Eso los mantiene frescos.

Este es un cerdo macho.

¡Los cerdos machos son grandes!

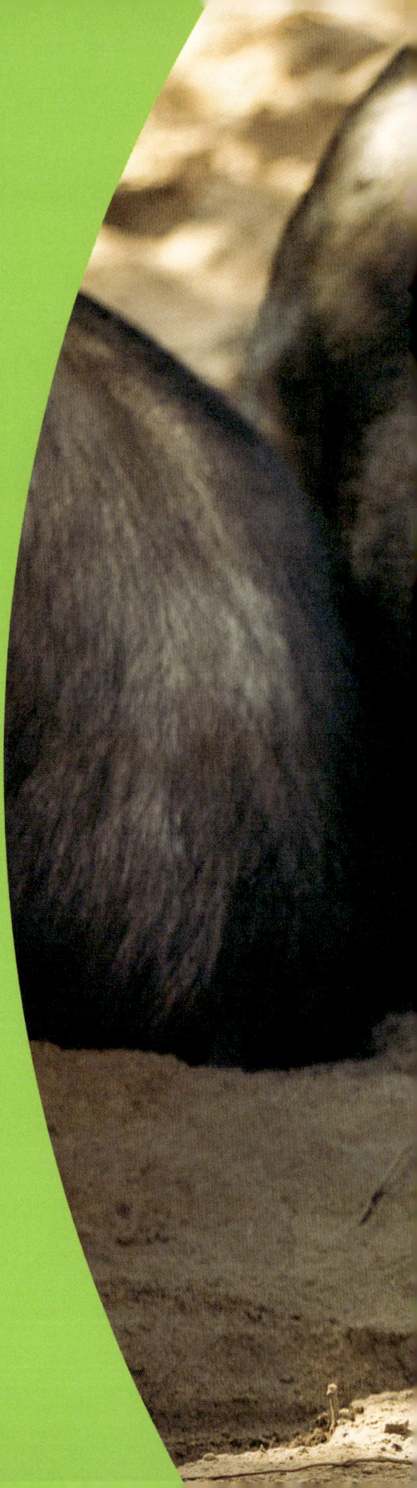

oreja

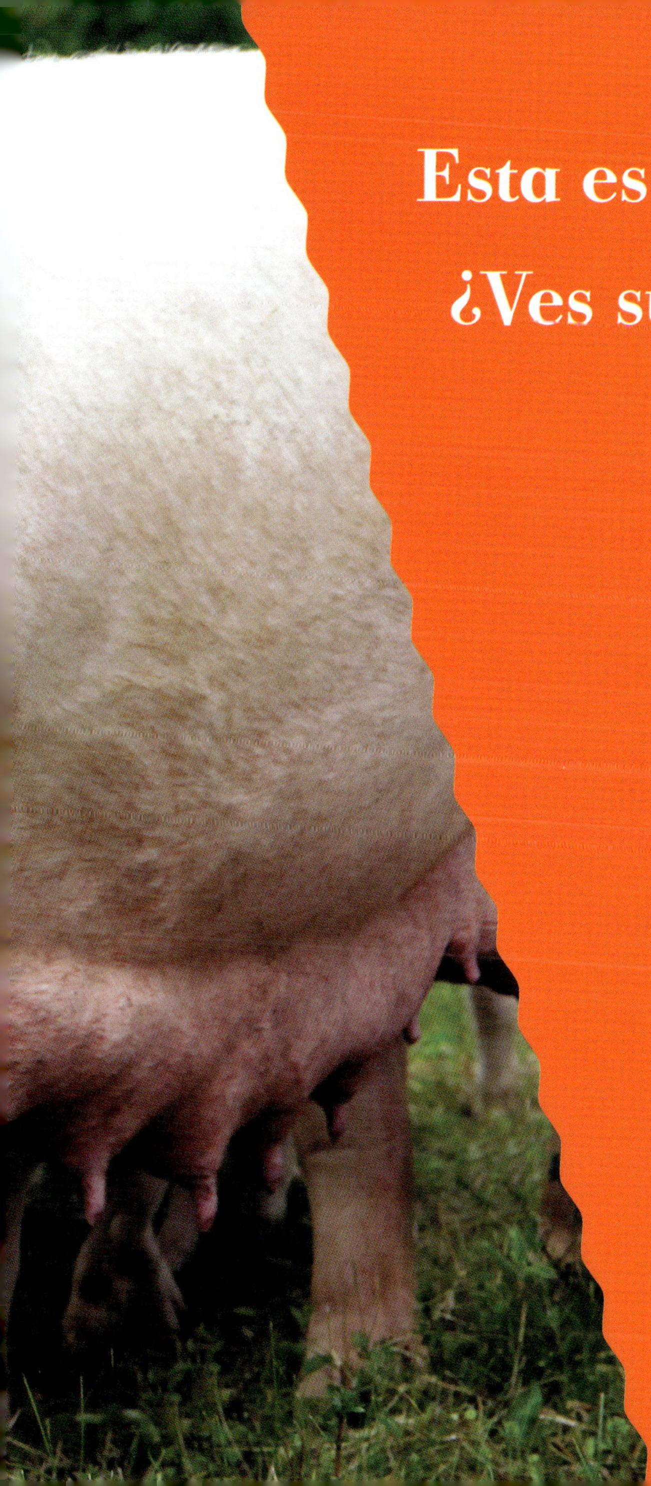

Esta es una cerda.

¿Ves sus grandes orejas?

¡La cerda tuvo cerditos!
Ellos beben su leche.
Eso les ayuda a crecer.

cerdito

Algunos cerdos son negros.
Otros son rosados.

Algunos son de color café.

Los cerdos tienen hocicos grandes.

Los usan para olfatear.

hocico

¡También los usan para escarbar!

Ellos escarban para buscar bichos.

¡Se enlodan!

La granjera los alimenta con bazofia.

La vierte en el abrevadero.

¡Los cerdos comen!

¡Oink! ¡Oink!

¡De regreso al lodo!

Las partes de un cerdo

¡Échales un vistazo a las partes de un cerdo!

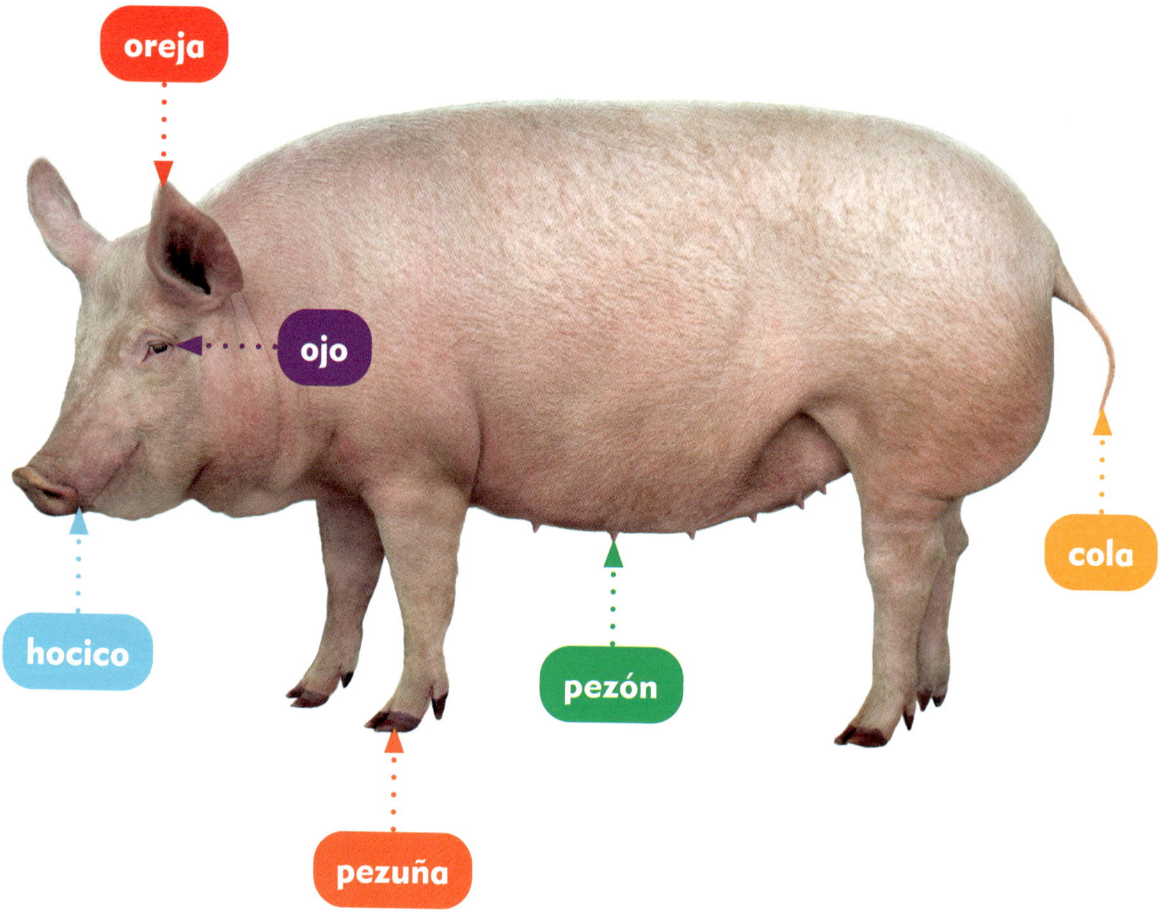

Glosario de fotografías

abrevadero
Un largo y angosto contenedor desde donde los animales pueden comer o beber.

bazofia
Una mezcla húmeda de desechos de comida usada para alimentar a los cerdos.

chiquero
Un área cerrada y pequeña para cerdos.

hocicos
Las partes de la cabeza de los animales que incluyen la nariz, la boca y las mandíbulas.

Índice

Para aprender más

Aprender más es tan fácil como contar de 1 a 3.

1. Visita www.factsurfer.com
2. Escribe “cerdosenlagranja” en la caja de búsqueda.
3. Elige tu libro para ver una lista de sitios web.